ALLES ZU SEINER ZEIT

HAZELDEN MEDITATIONSBÜCHER

Helene Lerner-Robbins

Alles zu seiner Zeit

Meditationen über den richtigen Rhythmus des Lebens

WILHELM HEYNE VERLAG
MÜNCHEN

Titel der amerikanischen Originalausgabe:
My Timing Is Always Right

Ins Deutsche übertragen von Gabriel Stein

Die Originalausgabe erschien
im Verlag Hazelden Foundation,
Center City, Minnesota, USA

Umschlaggestaltung: Atelier Schütz, München
Satz: Leingärtner, Nabburg
Druck und Bindung: RMO-Druck, München
Printed in Germany

ISBN 3-453-08031-9

EINLEITUNG

Es ist nicht immer leicht, daran zu glauben, daß unsere Wünsche genau zur rechten Zeit in Erfüllung gehen – und daß wir andernfalls etwas noch Besseres bekommen werden. Was mich betrifft, so habe ich inzwischen gelernt, *jede* Erfahrung als Lektion zu betrachten, die meinem geistigen Wachstum zugute kommt. Indem ich meiner Intuition – also der sanften, inneren Stimme, die allen Menschen innewohnt – vertraute, wurde mir um so deutlicher klar, wie sich das Prinzip der *Synchronizität* in unserem Leben auswirkt. Synchronizität bedeutet in diesem Zusammenhang, daß sämtliche Ereignisse zeitlich wie örtlich aufeinander abgestimmt sind – und daß wir die besondere Fähigkeit besitzen, derartige Fügungen zu erkennen: als Zusammentreffen glücklicher Umstände oder als schicksalhafte Wende.

Die unterschiedlichen Erfahrungsberichte, die in den folgenden Meditationen wiedergegeben werden, bestätigen auf eindrucksvolle Weise, daß es im Grunde keine Zufälle, keine Fehler gibt. Egal, ob wir einen wichtigen Sieg erringen, mit einer großen Herausforderung konfrontiert sind oder einen schmerzlichen Verlust erleiden müssen – es dient stets einem höheren Zweck. Die hier geschilderten Erlebnisse sollen Ihnen Hoffnung geben und Mut machen, damit Sie weiterhin die richtigen Lösungen – und wunderbaren Geschenke – finden, die Sie Ihrem Ziel näherbringen.

Die Meditationen sind also praxisbezogen und können während des ganzen Tages Hilfestellung leisten. Vielleicht greifen Sie auf das Register am Schluß des Bandes zurück, um das jeweils passende Thema auszuwählen. Es steht Ihnen aber natürlich auch frei, am Morgen einige stille Augenblicke zu verbringen, um dann das Buch aufzuschlagen und darauf zu achten, welcher Text Ihnen am meisten zusagt. Wahrscheinlich werden Sie feststellen, daß er gerade jene Probleme zur Sprache bringt, mit denen Sie sich im Moment näher beschäftigen müssen.

Bei der Lektüre sollte Ihnen bewußt sein, daß Sie tatsächlich grundlegende Änderungen herbeiführen können. Seien Sie innerlich ganz offen, während Sie sich die positive Botschaft am Ende jeder Seite laut vorsagen. Wiederholen

Sie sie dreimal – und lassen Sie zu, daß sie noch tiefer in Ihr Inneres eindringt.

Im Vertrauen darauf, daß die Ergebnisse Ihres Tuns genauso angemessen wie heilsam sind, werden Sie vieles begreifen – und dabei lernen, Geduld aufzubringen, Reuegefühle zu überwinden und ganz in der Gegenwart zu leben. Ich habe mich mit vielen Schwierigkeiten beschäftigt, die uns daran hindern, mit der Welt in Einklang zu sein – aber ich habe auch jene wunderbaren Dinge kennengelernt, die uns stets zugänglich sind, sobald wir uns auf die intuitiven Kräfte verlassen und danach streben, ein wirklich erfülltes Leben zu führen.

Alles geschieht zur rechten und zur besten Zeit.

Warum wollen wir oft dort sein, wo wir gerade nicht sind? Und warum erwarten wir, daß alle unsere Wünsche *sofort* erfüllt werden? Damit es dazu kommt, müssen wir zunächst einmal die nötigen Grundlagen schaffen. Das heißt: Erst wenn wir unsere momentane Situation, die uns auf größere Wohltaten vorbereitet, wirklich akzeptieren, sind wir insgesamt gelassener und haben mehr Freude am Leben.

Ein Bekannter von mir hatte vor einigen Jahren seine Frau verloren. Ganz allmählich war er wieder fähig, eine neue Verbindung einzugehen, und sehnte sich danach, die passende Partnerin zu finden. Er erzählte folgendes: »Ein Arbeitskollege stellte mich einer reizenden Frau vor, die offensichtlich mit mir befreundet sein wollte. Eigentlich war sie nicht mein Typ, aber ich beschloß trotzdem, mit ihr auszugehen. Wahrscheinlich hätte ich mir sagen können: ›Was soll das Ganze überhaupt, wenn sie sowieso nicht meinen Vorstellungen entspricht?‹ Obwohl die Beziehung zu ihr nicht so war, wie ich es mir erhofft hatte, spürte ich doch wieder, wie es ist, mit einer Frau zusammenzusein – und darüber hinaus habe ich eine neue Freundin gefunden.«

Alles ergibt sich genau zur rechten Zeit. Das ist gemeint mit dem Begriff »Synchronizität«. Wenn uns heute etwas im Leben fehlt, dann meistens deshalb, weil erst noch einige andere Dinge geschehen müssen, ehe der gewünschte Zustand erreicht ist. Im Vertrauen darauf, daß diese Entwicklung genauso stetig wie zielgerichtet verläuft, erfreuen wir uns an den momentanen Gegebenheiten und blicken erwartungsfroh in die Zukunft.

Laß mich erkennen, daß meine heutige Situation für mein künftiges Wohl notwendig ist.

Ich habe mich bis jetzt genau in dem Maße entwickelt, wie es für mich am besten ist.

Viele von uns wollen mit dem Kopf voraus ins Wasser springen, bevor sie überhaupt schwimmen gelernt haben. Außerdem sind wir oft nicht bereit, unseren momentanen Entwicklungsstand zu akzeptieren. »Warum habe ich keine größeren Fortschritte gemacht?« hört man immer wieder – oder auch: »In meinem Alter sollte ich längst weiter sein.«

Wenn wir das Leben aus diesem Blickwinkel betrachten, werden wir stets unzufrieden sein. Wir unterschätzen die Geschenke, die uns tagtäglich zuteil werden, und von unseren positiven Eigenschaften nehmen wir kaum Notiz. Aber sind wir im Innern wirklich darauf vorbereitet, all die Dinge zu besitzen, von denen wir sehnsüchtig sprechen? Viele von uns haben noch gar nicht die nötigen Voraussetzungen geschaffen, um sie überhaupt empfangen zu können. Diese einfache Erkenntnis erinnert mich an einen Mann, der unbedingt eine feste Beziehung wollte, zugleich aber extrem wählerisch war.

Er sagte: »Schließlich begegnete ich einer Frau, die meinen Ansprüchen gerecht wurde. Wir gingen einige Monate miteinander, und es sah so aus, als würde sie für mich schwärmen. Ich wurde besitzergreifend und verlangte, daß wir praktisch die ganze Zeit zusammensein müßten. Dadurch fühlte sie sich eingeengt, aber ich wollte keine halbe Sache. Die Beziehung ging auseinander, und seither bin ich einfach gezwungen, mich mit meinem Besitzanspruch und mit meinen Verlustängsten auseinanderzusetzen. Allmählich wird mir klar, daß ich mit meiner inneren Entwicklung *genau* an dem Punkt bin, an dem ich sein soll – auch wenn es mir schwerfällt, dies zu akzeptieren.«

Laß mich bereitwillig sehen, daß ich heute in meinem Leben genau dort stehe, wo ich sein soll.

Ich nutze meine Phantasie, um herauszufinden, welche Möglichkeiten eine Situation mir bietet.

Es ist nicht immer leicht, darauf zu vertrauen, daß die Dinge, die wir gerne haben möchten, uns erst zuteil werden, wenn die Zeit reif dafür ist. Aber wenn wir »so handeln, als ob« wir diese Wahrheit bedingungslos akzeptieren würden, bringen wir auch den Mut auf, weiterhin durchzuhalten und unseren Weg unbeirrt fortzusetzen.

Diese Erfahrung haben auch Freunde von mir gemacht, die heute ein herrliches Anwesen am Meer besitzen. In ihrem Garten gedeihen farbenprächtige Blumen, und von der Rückseite des Hauses schweift der Blick über den weiten Ozean. Heath – mein kleiner Sohn – und ich waren ergriffen von dieser Schönheit. Ich schwärmte in höchsten Tönen – genauso wie Heath und sein Freund Eric, der dabei war.

Meine Freundin erzählte mir, wie sie dieses Grundstück gefunden hatten: »Vor vierunddreißig Jahren beschlossen mein Mann und ich, irgendwo ans Wasser zu ziehen. Wir waren bereit, eine Familie zu gründen, also mußten wir bald einen geeigneten Wohnort finden. Angesichts unserer finanziellen Verhältnisse waren wir jedoch für die meisten Immobilienmakler uninteressant. Trotzdem ließen wir nicht locker und trafen schließlich eine Maklerin, die ohne großes Hin und Her mit uns zusammenarbeitete. Sie zeigte uns verschiedene Grundstücke, aber keines davon gefiel uns.

An einem Winterabend, als es heftig schneite, führte sie meinen Mann zu einem Bauplatz nahe am Meer. Man hatte von dort keine schöne Aussicht, und mein Mann konnte sich für dieses unwirtliche Stück Land auch nicht begeistern. Er sprach nicht einmal mit mir darüber. Noch in der gleichen Woche fuhren wir dann mit der Maklerin erneut in die Umgegend und schauten uns mehrere Objekte an, die allerdings auch nicht nach unserem Geschmack waren. Als wir in die Stadt zurückkehren wollten, fragte die Maklerin meinen Mann: ›Und was ist mit Grundstück Numero 13?‹ Er hatte eigentlich kein Interesse, es sich noch einmal anzusehen, aber sie bestand darauf, und so machten wir uns auf den Weg.

Schließlich hielten wir vor besagtem Gelände, das in der Tat heruntergekommen aussah – denn es war nicht gerodet worden. Aber von dem Augenblick an, da ich meinen Fuß auf diesen Boden setzte, wußte ich, daß wir den richtigen Ort gefunden hatten. Ich konnte mir das Haus mit seinen vielen Fenstern und dem freien Blick aufs Meer genau vorstellen. Noch in der gleichen Woche unterschrieben wir den Kaufvertrag. Zudem profitierten wir von einem Preisnachlaß. Einige Tage vorher hatte nämlich der Besitzer die geforderte Summe um 2.500 Dollar gesenkt.«

Wie oft sagen wir »nein« anstatt »ja«? Wir lassen unzählige Gelegenheiten aus, weil wir uns nicht vorstellen können, was sie uns bringen werden.

Laß mich erkennen, welche Chancen sich mir ständig bieten, und alles Notwendige unternehmen, um mein Leben positiver zu gestalten.

Ich wehre mich nicht gegen die Einsicht, daß alle Ereignisse in meinem Leben Teil eines göttlichen Planes sind.

Wir dürfen nie vergessen, daß in Gottes Universum nichts zufällig geschieht. Alle unsere Lebenserfahrungen besitzen einen Wert, denn sie haben uns zu jenen Menschen gemacht, die wir heute sind.

Ähnlich, wie im Erdinnern aus Kohlenstoff ein Diamant geformt wurde, sind auch wir durch schmerzliche wie durch erfreuliche Erlebnisse meisterhaft geformt worden.

Durch eine Beziehung, die in die Brüche ging, lernen wir, an uns selbst zu glauben; und durch den Tod eines geliebten Menschen wird uns das gewaltige, unzerstörbare Gesetz des Lebens bewußt.

Die Geburt eines Kindes ruft in uns liebevolle Empfindungen hervor, und die Freundschaft beschert uns Mitgefühl und Vertrauen.

Im göttlichen Weltall ist alles vorherbestimmt und sinnerfüllt. Wenn jemand unseren Weg kreuzt, so geschieht dies aus gutem Grund.

Unglückliche Beziehungen können mir nicht länger schaden, weil ich äußerst wertvolle Lehren aus ihnen gezogen habe. Alles, was in meinem Leben bisher geschah, ist zu meinem Besten. Ich bin wieder bereit, mich innerlich zu öffnen und liebevolle Gefühle zu hegen.

Heute werde ich erneut viel Gutes erfahren.

Wenn sich die Dinge nicht so entwickeln, wie wir es uns vorgestellt haben, betrachten wir das Ganze gleich als Krise. Unser bester Freund zieht woandershin, oder ein Arbeitsprojekt, mit dem wir fest gerechnet hatten, fällt ins Wasser. In solchen Phasen dürfen wir unseren Glauben nicht verlieren – darauf vertrauend, daß etwas Neues, noch Besseres unser Leben bereichern wird.

Denken Sie einmal über die folgende Geschichte eines Mannes nach, der ein Jahr lang ohne Arbeit war. »Ich hatte mehrere Vorstellungsgespräche, aber es kam nichts dabei heraus. Da hörte ich eines Tages von einem Job, der all meinen Wünschen zu entsprechen schien. Ich traf mehrmals mit den leitenden Angestellten der Firma zusammen, und man wollte mir im Laufe der Woche Bescheid geben, ob ich die Stelle bekomme oder nicht.

Der Anruf kam, aber man sagte mir, daß jemand anders den Vorzug erhalten hätte, obwohl ich in der engeren Auswahl gewesen war. Darüber war ich so enttäuscht, daß ich einige

Wochen lang überhaupt nicht mehr auf Arbeitssuche ging. Meine Freunde rieten mir dringend, nicht aufzugeben, und ihrem Zuspruch war es zu verdanken, daß ich schließlich einen neuen Versuch wagte. Einen Monat später wurde mir eine Stelle angeboten, bei der ich im Jahr 10.000 Dollar mehr verdienen konnte als bei der anderen, außerdem waren die Aufstiegschancen äußerst vielversprechend.«

Wenn jemand aus unserem Leben verschwindet, wenn eine bestimmte Situation nicht mehr gegeben ist oder sonst irgendwelche Einbußen zu verzeichnen sind, dann meistens deshalb, weil uns neue, größere Wohltaten erwarten. Der Natur ist jedes Vakuum verhaßt. Wenn wir also trotz der Verluste, die wir immer wieder hinnehmen müssen, den Kopf nicht sinken lassen, werden wir auch, mit einer positiven Einstellung, jener wunderbaren Dinge harren, die für uns vorgesehen sind.

Möge mir dies stets bewußt sein: Sobald ich das Alte loslasse, tritt an dessen Stelle etwas Neues, das mir guttun wird.

Heute gehe ich völlig unbeschwert durchs Leben, unternehme die notwendigen Schritte und mache mir keine Gedanken, was am Ende dabei herauskommt.

»Werde ich diesen neuen Job bekommen?« – »Wird der Mann, mit dem ich jetzt zusammen bin, mich später einmal heiraten?« – »Werde ich genug Geld verdienen, um dieses Jahr eine USA-Reise unternehmen zu können?« Die Antwort *Ich weiß es nicht* hat durchaus etwas für sich. Denn wir brauchen heute wirklich nicht darüber nachzudenken, ob unsere Wünsche tatsächlich in Erfüllung gehen werden. Vielmehr können wir ganz einfach die entsprechenden Maßnahmen ergreifen, ohne uns weiter um die Ergebnisse zu kümmern. Auf diese Weise gehen wir unbeschwert durchs Leben – und bemühen uns nicht darum, Menschen und Dinge zu manipulieren, nur damit alles nach unserer Nase geht.

Wenn wir etwas mit aller Macht erzwingen möchten, ist das ungefähr so, als wollten wir eine Welle, die direkt auf uns zukommt, ins offene Meer zurückdrängen. Das kann nicht funktionieren! Eine Bekannte von mir mußte kürzlich am eigenen Leibe erfahren, wie sinnlos der Versuch ist, das Unkontrollierbare zu kontrollieren. Sie sollte bis zum Ende des Monats in eine neue Wohnung ziehen. Aber alle Pläne, die sie dafür gemacht hatte, zerschlugen sich plötzlich – nichts schien zu klappen. Der bisherige Mieter verschob seinen Auszug um eine weitere Woche; und die Schrankwände, die der Schreiner »in Kürze« liefern wollte, ließen immer noch auf sich warten.

Das hatte zur Folge, daß sie sich immer mehr Sorgen machte und schließlich einer guten Freundin berichtete, daß sie völlig frustriert sei. Die entgegnete ihr: »Du kannst nicht mehr tun, als du im Moment tust. Erledige einfach weiterhin deine täglichen Telefonanrufe. Wenn die Dinge anders laufen, als du es geplant hast, dann sei dir bewußt, daß alles sich so entwickelt, wie es sein soll. Du kannst eine Menge Kraft und Zeit damit verschwenden, die Ereignisse in eine bestimmte Richtung zu lenken, aber du hast ja so viel anderes zu tun – du mußt deine Kinder großziehen und dein Computergeschäft aufbauen. Wenn du dir Sorgen machst, bist du am Ende nur völlig erschöpft.«

Meine Bekannte nahm sich diesen Rat zu Herzen und nutzte ihre Zeit für produktive Tätigkeiten. Außerdem besann sie sich auf das Gebet um Gelassenheit:

> Gib mir, Gott, die Gelassenheit,
> Hinzunehmen, was ich nicht ändern kann,
> Den Mut, zu ändern, was ich ändern kann,
> Und die Weisheit, den Unterschied
> Zwischen beidem zu erkennen.

Ich will meine Kraft aufsparen, um mich in aller Ruhe auf jene Dinge zu konzentrieren, die wirklich Aufmerksamkeit verdienen.

Heute wird mir alles zuteil, was ich brauche, um glücklich zu sein.

Zuvor war die Rede davon, daß die Natur kein Vakuum duldet. Wenn wir also ein bestimmtes Bedürfnis haben, dann wird es, entsprechend dieser Gesetzmäßigkeit, auch befriedigt. Leider sind wir davon nicht immer überzeugt und ignorieren deshalb all jene wunderbaren Dinge, die uns zur Verfügung stehen. Wir wären aber viel glücklicher, wenn wir einen solchen »Glaubenssprung« wagen würden – um dann »so zu handeln, als ob« uns die geistigen Zusammenhänge des Lebens völlig selbstverständlich seien.

Jackie, eine meiner Kolleginnen, kam kürzlich zu der gleichen Einsicht. Sie erzählte: »Es war Mittwoch, und ich hatte gerade mit zwei Assistenten gesprochen, die am darauffolgenden Montag an meinem Filmprojekt mitarbeiten sollten. Kurz nachdem sie gegangen waren, rief mich eine Produktionsfirma an und bat mich, noch am gleichen Abend einige Dreharbeiten für sie einzuschieben. Meine beiden Assistenten konnten nicht früher, aber mir war klar, daß ich das Ganze nicht alleine schaffen würde.

Zuerst war ich in Panik und dachte: *Wo kriege ich auf die Schnelle einen Produktionsassistenten her?* Du wirst es nicht glauben, aber im selben Augenblick läutete das Telefon: Es war ein Student, der dringend Arbeit suchte. Und als ob das nicht schon verblüffend genug wäre, hatte ich, als ich in meine Brieftasche sah, auch noch genau so viel Bargeld bei mir, um ihn gleich bezahlen zu können.«

Alles, was wir brauchen, gehört uns bereits, wenn wir daran glauben, daß es tatsächlich so ist. Unsere Aufgabe besteht einzig und allein darin, innerlich offen zu sein, um die Gaben in Empfang zu nehmen, und genügend Dankbarkeit zu empfinden, um sie auch wirklich zu schätzen.

Gott, laß mich immer wieder erkennen, daß Du mir hilfst, ein erfülltes Leben zu führen.

Ich ziehe heute jene wunderbaren Menschen an, die genau zu mir passen.

Ob uns dies klar ist oder nicht – wir *sehnen* uns danach, anderen Menschen nah zu sein und enge Beziehungen mit ihnen zu haben. Sonst fühlen wir uns unbefriedigt und leer.

Sobald wir das einmal begriffen haben, fällt es uns leichter, die richtigen Freunde auszuwählen – solche nämlich, mit denen wir unsere Zeit wirklich verbringen möchten, anstatt uns zu irgendwelchen Höflichkeitsbesuchen gezwungen zu fühlen. Nicht nur erfreuen wir uns gemeinsam an einem Kunstwerk oder an einem Film, sondern wir gehen auch das Risiko ein, diesen Menschen unsere wahren Gefühle zu zeigen. Und sie laufen dann nicht gleich weg, sondern wagen es ebenfalls, mit uns über ihr Innenleben zu sprechen.

Wenn wir Freude und Leid miteinander teilen, ohne den anderen manipulieren oder zu einem »besseren« Menschen machen zu wollen, verfügt jeder von uns über genügend Freiraum, um die eigene Persönlichkeit voll und ganz zu entwickeln. Wir lieben die anderen – und gedeihen durch ihre Liebe.

Ich ziehe heute Menschen an, die mir etwas geben und viele meiner Bedürfnisse befriedigen können.

Heute betrachte ich alle Menschen, die in mein Leben treten, als meine Lehrmeister.

In der Welt des Geistes gibt es einen Grundsatz, der etwa so lautet: Der Lehrer tritt dann auf den Plan, wenn der Schüler bereit ist, unterrichtet zu werden. Jeder Mensch, dem wir begegnen, ist unser Lehrmeister, und es gibt keine Erfahrung, aus der wir nicht etwas lernen könnten. Das war sicherlich auch bei Peter der Fall, der genau zur rechten Zeit mit einem Zwölf-Schritte-Programm in Berührung kam.

Er schildert die Sache so: »Ich hatte mit Pat acht Jahre zusammengelebt. Ich würde sagen, die letzten drei Jahre waren für uns beide die Hölle gewesen. Keiner wollte sich mehr für den anderen engagieren. Wir wußten, daß wir nur noch deshalb zusammenblieben, weil weder sie noch ich es allein aushielt.

Mein Leben war einfach schrecklich. Abends kam ich nach Hause, trank ein paar Bier und saß dann wie betäubt vorm Fernseher. Pat und ich sprachen kaum ein Wort miteinander. In dieser Zeit habe ich ungefähr fünfzehn Pfund zugenommen.

Eines Abends packte ich dann meine Sachen zusammen und zog wieder zu meiner Mutter. Keine Ahnung, woher ich den Mut nahm, diesen Schritt wirklich zu tun. Seitdem haben Pat und ich keinen Kontakt mehr miteinander. Aber auch nach unserer Trennung trank ich weiter. Ich griff ständig zur Flasche und beklagte mich dann bei meinen Freunden, wie schlecht es mir ging.

Einer von ihnen sagte mir, daß ich zuviel trinken würde. ›Geh zu den Anonymen Alkoholikern, dort wirst du Hilfe finden‹, meinte er. Ich hatte meine Probleme mit dem Alkohol immer verdrängt. Am nächsten Abend jedoch besuchte ich zum ersten Mal ein Gruppentreffen der AA.

Plötzlich funkte es bei mir. Die Leute, die da versammelt waren, erzählten im Grunde *meine* Geschichte. Inzwischen bin ich schon einige Jahre dabei. Meine neuen Kameraden zeigen mir, wie man sein Leben in die Hand nimmt, ohne rückfällig zu werden. Mir war nie klar gewesen, daß man die Dinge auch etwas leichter nehmen kann und am besten einen Tag nach dem anderen bewältigt. Aber daran halte ich mich nun schon seit zwei Jahren!«

Wir können jede Beziehung, jede unangenehme Begegnung sozusagen mit unserem geistigen Auge betrachten – und sie dadurch besser verstehen. Mit dieser Einstellung werden uns sogar die schmerzlichsten Auseinandersetzungen weitaus weniger zu schaffen machen.

Hilf mir zu begreifen, daß jede Herausforderung wichtige Lektionen enthält, die für meine seelische Entwicklung wichtig sind.

Heute will ich erkennen, wie wichtig es ist, sich in Geduld zu üben.

Wenn wir bestimmte Maßnahmen ergreifen, kommt am Ende auch etwas dabei heraus – so zumindest wurde es uns beigebracht. Manchmal jedoch setzen wir alle Hebel in Bewegung, um ein Ziel zu erreichen – und es scheint sich überhaupt nichts zu tun. Das wiederum hat zur Folge, daß wir frustriert sind und meinen, die betreffende Aufgabe sei wohl nicht das Richtige für uns gewesen. Aber vielleicht lag es nur daran, daß das Timing nicht stimmte. Wenn wir einmal auf unser Leben zurückblicken, werden wir nämlich feststellen, daß sich immer dann alles nahtlos zusammenfügte, wenn die Voraussetzungen dazu gegeben waren. Das heißt: Egal, wie sehr wir uns darum bemühen, etwas früher in Angriff zu nehmen, etwas schneller über die Bühne zu bringen – es hat keinen Zweck. Vielmehr sind wir oft dann erfolgreich, wenn wir loslassen und alle Kontrollversuche aufgeben.

Sobald uns klar wird, daß wir nach Dingen streben, die nicht für uns bestimmt waren, sollten wir fest daran glauben, daß uns bald etwas *Besseres* erwartet. Meine Freundin Anne kann nur bestätigen, wie nützlich es ist, gerade in kritischen Phasen eine positive Einstellung zu entwickeln. Sie berichtet: »Ich glaubte tatsächlich, daß all meine Probleme gelöst wären, wenn ich erst einmal ein sechsstelliges Jahresgehalt hätte. Das war mir von meinen Eltern so beigebracht worden. Mein Vater verdiente viel Geld, und wir besaßen wohl alles, was das Leben angenehm macht. Also arbeitete ich wie eine Verrückte, um es auch so weit zu bringen.

Allerdings hatte ich aufgrund meiner kraftraubenden beruflichen Tätigkeit überhaupt kein Privatleben mehr. Das deprimierte mich zutiefst, und so begann ich letztes Jahr mit einer Therapie. Dadurch wurde mir bewußt, daß ich meine Prioritäten falsch gesetzt hatte. Denn im Grunde sehnte ich mich nach dem Gefühl, mit anderen Menschen verbunden zu sein – und das kann man mit Geld nicht kaufen. Meine Eltern hielten stets Distanz und hatten nur oberflächliche Kontakte mit anderen. Ich dachte, daß diese Art zu leben auch mir zusagen würde – aber dem war nicht so. Zwar hatte ich ein hohes Gehalt und kannte eine Menge Leute, doch im Innern fühlte ich mich völlig leer.

Nun habe ich Freunde, die mich bereichern und mit denen ich gerne zusammen bin. Ja, ich verdiene gut – wenn auch nicht soviel wie früher –, aber zugleich führe ich ein abwechslungsreiches, erfülltes Leben. Ich kann mir öfter freinehmen und übers Wochenende wegfahren. Außerdem zwinge ich mich dazu, jeden Abend pünktlich aus dem Büro zu gehen, egal, ob etwas Dringendes ansteht oder nicht. Heute bin ich, aufs Ganze gesehen, ein glücklicher Mensch.«

Anne bezieht jetzt zwar nicht jenes sechsstellige Jahresgehalt, das sie sich einmal gewünscht hat, aber dafür wurde ihr etwas wesentlich Wertvolleres zuteil: nämlich wahre Freundschaft und ein ausgeglichenes Leben.

Laß mich einsehen, daß etwas Besseres auf mich wartet, wenn sich meine ursprünglichen Wünsche nicht erfüllen sollten.

Aufgrund all meiner Lebenserfahrung bin ich für kommende Taten gerüstet.

Genauso, wie der Bildhauer seinen Steinblock bearbeitet, bis am Ende eine wunderbare Skulptur entsteht, formt Gott uns zu dem Menschen, der wir sein sollen. Jede schmerzliche und jede erfreuliche Erfahrung, die wir machen, hat eine bestimmte Bedeutung. Nehmen Sie zum Beispiel Noreen, die allmählich lernt, die negativen Botschaften aus ihrer Kindheit in positive umzuwandeln.

»Meine Eltern gaben mir früher immer wieder zu verstehen, daß ich sie zuviel koste. Wenn ich etwas Bestimmtes haben wollte, sagten sie: ›Das ist zu teuer, Noreen. Du hast einfach zu hohe Ansprüche.‹ Mein Vater war der Meinung, daß die Familie eine große finanzielle Belastung darstelle. Er verbrachte die meiste Zeit damit, den Lebensunterhalt für uns zu verdienen, war aber kaum fähig, mir gegenüber irgendwelche Gefühle zu zeigen. Meine Mutter war zwar oft da, aber ich habe nie gespürt, daß sie wirklich bei mir sein wollte.

Im Verlauf meines inneren Heilungsprozesses, der im Rahmen einer Zwölf-Schritte-Gruppe stattfand, habe ich an mir selbst gearbeitet, und so kann ich heute, vor allem auch durch die moralische Unterstützung der anderen Mitglieder, die Botschaft meiner Eltern umformulieren: Ich bin nicht zu kostspielig, sondern: *Ich bin sehr wertvoll.* Das macht einen großen Unterschied. Denn mit dem letzteren meine ich: Ich bin ich selbst – mit all den Gedanken, Gefühlen und Überzeugungen, die zu mir gehören, und mit einer persönlichen Geschichte, die sich aus vielerlei Verhaltensweisen und Gesten zusammensetzt. Dadurch besitze ich eine ganz besondere und unverwechselbare Persönlichkeit.«

Noreen brauchte lange und mußte innerlich erst ganz gesund werden, um ihre Vergangenheit akzeptieren und eine eigene Lebensauffassung entwickeln zu können. Aber diese Mühe hat sich gelohnt, denn nun bringt sie sich selbst mehr Achtung entgegen. Außerdem kam sie zu dem Entschluß, ihre leidvollen Erfahrungen konstruktiv zu nutzen, und läßt sich nun zur Therapeutin ausbilden.

Durch all unsere Erlebnisse sind wir zu dem Menschen geworden, der wir heute sind. Weder brauchen wir uns wegen unserer eigenen Vergangenheit zu schämen, noch sollten wir versuchen, sie zu verheimlichen, denn jetzt, in diesem Augenblick, sind wir unversehrt und ganz – und genau so, wie wir eben sind.

Hilf mir, daß ich die Vergangenheit nicht bereue, denn sie hat mich zu jenem Menschen gemacht, der ich heute bin.

Heute bin ich offen für die Hülle und Fülle des Lebens.

Wenn wir zutiefst verzweifelt sind, geschehen oft in letzter Minute bestimmte Dinge, die es uns ermöglichen, selbst schwierigste Aufgaben zu bewältigen. Ganz gleich, wie diese glücklichen Umstände zustande kamen und was sie im einzelnen bewirken – gewöhnlich besteht zwischen ihnen und den Maßnahmen, die wir zur Lösung des Problems ergriffen haben, kein direkter Zusammenhang.

Dennoch haben unsere diesbezüglichen Handlungen eine enorme Bedeutung. Wir müssen darauf vertrauen, daß schon der aktive Versuch, die jeweilige Situation zu ändern, eine Art Kettenreaktion auslöst. Denn diese unauffällige Tätigkeit deutet an, daß wir bereit sind, jene Antworten zu empfangen, die unser Leben wieder angenehmer gestalten. So ziehen wir wie ein Magnet neue Freunde an, werden offen für andere Möglichkeiten und empfinden ein immer stärkeres Wohlgefühl – was dann zur Folge hat, daß es auch insgesamt wieder aufwärts geht.

Eine erfolgreiche Geschäftsfrau erzählte mir,

daß sie, sobald ihre Firma eine Talfahrt durchmacht, erst einmal alle Hebel in Bewegung setzt, um neue Kunden zu gewinnen. Im Laufe der Jahre ist sie dabei aber auf ein interessantes Phänomen gestoßen. Die Lage bessert sich nämlich nicht aufgrund dieser systematischen Bemühungen, sondern weil plötzlich aus einer ganz anderen Richtung Hilfe kommt. »Durch sachliche Telefongespräche habe ich noch nie etwas erreicht. Meistens bekomme ich neue Aufträge durch Mundpropaganda, weil ein Freund die Agentur weiterempfohlen hat – oder dadurch, daß ein Bekannter auf meine Zeitschriftenanzeige aufmerksam geworden ist.«

Indem sie daraufhin aktiv wurde und sich mit potentiellen Kunden traf, signalisierte sie ihre Bereitschaft, neue Geschäftsverbindungen einzugehen. Glück und Erfolg stellen sich dann ein, wenn wir gewillt sind, die nötige Tatkraft aufzubringen und alles anzunehmen, was das Schicksal uns beschert.

Laß mich stets bereit sein, jene Arbeit zu leisten, die für mein materielles, geistiges und körperliches Wohlergehen erforderlich ist.

Ich betrachte meine Fehler als wertvolle Lektionen, die meiner persönlichen Entwicklung nur zugute kommen.

Das Bedürfnis, stets perfekt zu sein, hat zur Folge, daß wir allzu kritisch sind und uns jeden Fehler gleich zum Vorwurf machen. Dadurch gehen wir nicht nur mit uns selbst hart ins Gericht, sondern setzen auch den Menschen in unserer Nähe völlig unrealistische Maßstäbe.

Als wir aufwuchsen, wurde uns vielleicht beigebracht, daß es nur zwei Vorgehensweisen gibt: eine richtige und eine falsche – wobei diese natürlich unter allen Umständen vermieden werden mußte. Bei unseren Eltern war nie die Rede davon, daß man die Lösung eines Problems am besten findet, wenn man verschiedene Möglichkeiten ausprobiert und Schritt für Schritt die Fehlerquellen ausschaltet – und so waren feinere Differenzierungen und Zwischentöne für sie einfach unvorstellbar.

Und doch kann man seine Fehler aus einem ganz anderen Blickwinkel betrachten, wie es etwa auch die Wissenschaftler und Künstler tun. Sie sehen ihre Irrtümer nämlich als notwendigen Bestandteil des experimentellen bzw. kreativen Prozesses. Und tatsächlich wären ohne diese Verfahrensweise einige der größten wissenschaftlichen Entdeckungen und künstlerischen Leistungen gar nicht möglich gewesen.

Ein Künstler erklärte mir, wie er zu einer neuen Maltechnik fand. »Einmal mußte ich überraschend aus dem Atelier, um noch etwas zu erledigen. Deshalb hatte ich auch keine Zeit mehr, die Pinsel zu reinigen. Während meiner Abwesenheit muß meine Katze die Pinsel gegen die Leinwand gedrückt haben. Als ich zurückkam, sah ich, daß die aufgetragenen Farben einen interessanten Effekt ergaben, so als hätte jemand mit rascher Hand zarte Bambuszweige hingemalt. Das gefiel mir so sehr, daß ich diese Technik jetzt in meiner Arbeit benutze.«

Die Farbe wurde versehentlich über die Leinwand verteilt, wodurch ein wunderbarer Abdruck entstand, der den Maler inspirierte. Aber handelt es sich hier wirklich um ein Versehen – oder nicht doch eher um eine glückliche Fügung? Alles, was in unserem Leben geschieht, unterliegt einem höheren Plan. In diesem göttlichen Universum bleibt nichts dem Zufall überlassen.

Laß mich meine Fehler als Chance betrachten, noch kreativer zu werden.

Ich bin damit einverstanden, daß meine Wünsche genau zum richtigen Zeitpunkt in Erfüllung gehen.

Versuchen wir nicht manchmal, eine bestimmte Sache »zu erzwingen«? Wenn dies einfach nicht funktioniert, obwohl wir uns redlich Mühe gegeben haben, stellt sich am Ende meistens heraus, daß unser Timing falsch war. Vielleicht werden wir das gewünschte Ziel ein oder zwei Jahre später erreichen – ohne dann viel dafür tun zu müssen.

Das hat vor kurzem auch eine meiner Freundinnen erlebt. Sie wollte unbedingt eine andere berufliche Laufbahn einschlagen. Sie sagte: »Ich war zehn Jahre lang Sekretärin und brauchte einfach mehr Geld, als ich verdienen konnte. Da dachte ich mir, daß ein Verkaufsjob nicht nur spannend wäre, sondern zudem noch gut bezahlt. Und so traf ich alle nötigen Maßnahmen: kontaktierte verschiedene Verkaufsleiter, besuchte einen Fortbildungskurs, eignete mir die neuesten Verkaufstechniken an, las alle möglichen Anzeigen, in denen Verkäuferinnen gesucht wurden, und hatte unzählige Vorstellungsgespräche. Aber es geschah rein gar nichts. Ich bekam keinen einzigen positiven Bescheid.

Dadurch war ich so enttäuscht, daß ich in dieser Sache überhaupt nichts mehr unternahm und weiterhin meiner Büroarbeit nachging. Ungefähr acht Monate später rief mich jemand an, den ich gar nicht kannte. Er hatte meinen Namen von einer Kollegin bekommen, bei der ich vorher mal ein Vorstellungsgespräch gehabt hatte. Und siehe da: Innerhalb von zwei Wochen begann ich meine Ausbildung als Verkäuferin.«

Unser Zeitplan stimmt nicht immer mit Gottes Zeitplan überein. Wenn nichts so zu klappen scheint, wie wir es uns vorgestellt haben, ist es nützlich, sich an frühere Erfolge zu erinnern. Auf diese Weise festigen wir den Glauben daran, daß die momentanen Herausforderungen ein Versprechen für die Zukunft darstellen.

Laß mich in all meinen Angelegenheiten,
Deinen Zeitplan bereitwilliger akzeptieren.

Sobald ich meine gewohnten Überzeugungen aufgebe, geschieht in meinem Leben etwas Neues, das äußerst positive Auswirkungen hat.

Um ein glücklicheres Leben zu führen, müssen wir uns manchmal von Grundsätzen trennen, die uns immer das Gefühl von Ruhe und Geborgenheit gegeben haben, und den Sprung ins Unbekannte wagen. Viele von uns haben zum Beispiel eingefleischte Vorurteile in bezug auf Geld – und sind deshalb unfähig, irgendwelche materiellen Erfolge zu erzielen. Wir sind davon überzeugt, nichts Besseres verdient zu haben.

Ja, manchmal glauben wir nicht daran, daß wir genügend Geld einnehmen können, um für uns selbst zu sorgen, und so geraten wir immer mehr in Schulden. Genau das ist auch Cindy passiert. Kürzlich aber faßte sie sich ein Herz und schnitt ihre Kreditkarten entzwei. Mit Hilfe ihrer Freunde traute sie sich plötzlich zu, ihren Lebensunterhalt allein zu bestreiten.

Sie sagte: »Es war immer mein Problem, daß ich ständig Schulden gemacht habe. Ich benutzte meine Kreditkarten so, als wären sie frei verfügbares Geld, und dadurch kam ich ganz schön in die Bredouille. Einige meiner Freunde empfahlen mir, die Kreditkarten zu vernichten und nur noch mit Bargeld umzugehen. Dieser Gedanke jagte mir Angst ein. Denn was würde geschehen, wenn ich mich nicht mehr über Wasser halten konnte? Jedenfalls ist es ihrem Beistand zu verdanken, daß ich es einmal probieren wollte – doch ich hatte noch eine Karte in petto, nur für den Notfall. In den ersten Wochen war mir, als würde ich am Rande des Abgrunds leben, aber eigentlich kam ich ganz gut über die Runden.

Als ich meiner Freundin anvertraute, daß ich immer noch eine Kreditkarte besaß, war ihre Antwort: ›Zerschneid sie. Wie kannst du erwarten, daß dir die Welt günstiger gesonnen ist, wenn du weiterhin mit Sicherheitsnetz arbeitest? Du glaubst eben nicht wirklich daran, daß du gut versorgt wirst.‹ Ich wußte, daß sie recht hatte, aber ich konnte mich zu diesem letzten Schritt einfach nicht durchringen. Wir redeten ausgiebig über meine Angst vor finanziellen Schwierigkeiten. Sie ließ nicht locker und bat mich eindringlich, darauf zu vertrauen, daß alles schon klappen würde.

Nachdem ich eines Tages meine laufenden Bankgeschäfte erledigt hatte, hörte ich mich zum Kassierer sagen: ›Und von nun an werde ich auf Ihre Kredite nicht mehr angewiesen sein.‹ Ich konnte gar nicht fassen, daß mir diese Worte über die Lippen gekommen waren. Aber ich verließ die Bank im Gefühl, nun bereitwillig auf Gott zu bauen.«

Materieller Erfolg kann erst dann erzielt werden, wenn wir jene Einstellungen aufgeben, die ihn immer wieder verhindern. Ganz gleich, welche falschen Botschaften in unserem Innern widerhallen – mit Unterstützung unserer Höheren Macht können wir sie revidieren oder ganz auslöschen, um so allmählich eine vorteilhaftere Lebensweise zu entwickeln.

Laß mich die falschen Vorstellungen verwerfen,
durch die mir Gutes vorenthalten bleibt.

Ich erkenne an, daß alle Menschen, Orte und Dinge in meinem Leben genau so sind, wie sie sein sollen.

Wenn wir die Menschen, Orte und Dinge nicht so akzeptieren, wie sie sind, versuchen wir oft krampfhaft, dort Kontrolle auszuüben, wo es gar nicht möglich ist, und verschwenden somit viel Energie. Am Ende sind wir dann wütend, frustriert und niedergeschlagen. Außerdem neigen wir dazu, immer wieder die gleichen Fehler zu machen, und verbauen uns die Möglichkeit, gewisse Veränderungen herbeizuführen. Wenn wir dagegen eine bejahende Einstellung entwickeln und sie auch bewußt einüben, lernen wir, nachsichtiger zu sein gegenüber uns selbst und den anderen.

Diese Aufgabe bewältigen wir, indem wir uns noch klarer machen, daß man nur sich selbst im Griff haben kann. Vielleicht geben wir uns der Illusion hin, daß sich die Menschen stets unserem Willen unterordnen, aber dem ist nicht so. Oder können wir etwa einen Freund zu etwas zwingen, das er gar nicht möchte? Wird ein Kind uns zuhören, wenn es sich mit Händen und

Füßen dagegen wehrt? Wir sind lediglich imstande, bestimmte Schritte zu unternehmen, die uns den eigenen Zielen näherbringen – aber wir haben keinen Einfluß darauf, ob wir sie auch erreichen und was uns dann erwartet.

Eine meiner Bekannten wollte ihren Freund ständig dazu bewegen, öfter mit ihr auszugehen und mehr Umgang mit anderen Leuten zu pflegen. In diesem Punkt war er jedoch zu keinem Kompromiß bereit und verteidigte seine Position unerbittlich. Deshalb kam es zwischen ihnen häufig zu Auseinandersetzungen. Schließlich wurde ihr bewußt, daß sie das *eigene* Verhalten ändern mußte. Mit Unterstützung ihrer Freunde beschloß sie, von sich aus den Kontakt zu anderen herzustellen. Wenn ihr Freund sie nicht auf Partys begleiten wollte, dann ging sie eben ohne ihn.

Sie schildert ihre Situation folgendermaßen: »Zuerst fühlte ich mich einsam und dachte, ich brauchte einen Mann an meiner Seite, der mich so richtig beschützt. Aber als ich mit einigen Freundinnen darüber gesprochen hatte, wie schwierig es für mich war, allein irgendwo hinzugehen, fühlte ich mich allmählich wohler in meiner Haut. Sie ermunterten mich ständig, dieses Risiko auf mich zu nehmen, und das tat ich dann auch. Inzwischen macht mir das Ganze immer mehr Spaß, und wenn ich in Gesellschaft bin, denke ich kaum an meinen Freund.«

Eine bejahende Einstellung hat vielerlei Vorteile. Sie erlaubt uns, jede Situation klar ins Auge zu fassen, eben weil wir nicht mehr darauf versessen sind, Menschen und Dinge zu manipulieren. Deshalb können wir auch die richtigen Maßnahmen ergreifen, um selbst weiter voranzukommen. Auf diese Weise gestaltet sich das Leben zunehmend erfreulicher, und die Menschen verhalten sich uns gegenüber so, wie sie tatsächlich sind.

Hilf mir, daß ich nicht mehr mit allen Mitteln versuche, Kontrolle auszuüben, und laß mich die Dinge so akzeptieren, wie sie sind.

Heute handle ich stets aus meiner inneren Mitte heraus.

Oft hasten wir durchs Leben, erledigen eine Sache nach der anderen – und finden keine Zeit, unsere geistigen und körperlichen Kräfte zu regenerieren. Warum warten wir auf das nächste Wochenende oder auf die Ferien, um endlich einmal zur Ruhe zu kommen? Wenn unsere innere Batterie nicht immer wieder neu aufgeladen wird, geht sie allmählich kaputt.

Jeden Tag sollten wir zwischen den einzelnen Tätigkeiten eine Pause einlegen, in der wir uns vollkommen entspannen. Dadurch besinnen wir uns auf uns selbst und erkennen, was wirklich wichtig ist. Außerdem wird uns bewußt, daß die sogenannten »brennenden« Probleme nur in unserer Einbildung existieren – und daß wir alle Aufgaben schon zur rechten Zeit erledigen werden.

Laß mich zwischen meinen zahlreichen Aktivitäten Ruhepausen einlegen, um neue Energie zu tanken.

Ich vertraue der Stimme meines Herzens und tue das, was sie mir rät.

Viele von uns hören zwar, was die innere Stimme sagt, haben aber oft Angst, deren Weisungen wirklich zu befolgen. Auch in dem Film *Feld der Träume* geht es im Grunde darum, sich auf die eigene Intuition zu verlassen und dementsprechend die richtigen Schritte zu unternehmen. Der Protagonist handelt stets aufgrund innerer Eingebungen, obwohl ihn alle anderen in seiner Umgebung als lächerlichen Außenseiter betrachten. Und gerade weil er diese unmittelbaren Einsichten ernst nimmt, macht er in seinem Leben ganz außergewöhnliche Erfahrungen.

Aber solche Dinge geschehen nicht nur im Film. Ich habe einen Freund, der sich kürzlich einen sehnlichen Wunsch erfüllte, indem er seiner inneren Vision vertraute. Er war nie ein Risiko eingegangen, ging jeden Tag von neun Uhr morgens bis fünf Uhr nachmittags einer geregelten Arbeit nach und überließ es seiner Freundin, die gemeinsamen Ferienreisen genauso zu planen wie die üblichen Verabredungen mit anderen Leuten.

Als er das vierzigste Lebensjahr erreicht hatte, begann er seine bisherigen Prioritäten in Frage zu stellen. Viele von seinen Freunden stellten fest, daß er immer nachdenklicher wurde und nicht mehr so fröhlich wirkte wie früher. Etwa um die Zeit seines Geburtstages sprach man überall über die Sonnenfinsternis, die in wenigen Wochen bevorstand. Ohne jemanden zu benachrichtigen, brach er plötzlich nach Costa Rica auf, wo man dieses Naturschauspiel gut beobachten konnte.

Später sagte er dann: »Ich verspürte den unwiderstehlichen Drang, nach Costa Rica zu fahren, um die Sonnenfinsternis direkt mitzuerleben. Dafür fehlte mir zwar das nötige Kleingeld, aber ich war fest davon überzeugt, daß es schon irgendwie hereinkommen würde, falls diese Reise wirklich stattfinden sollte. Und das geschah dann auch. Denn in der betreffenden Woche zog ich einen neuen Kunden an Land. Damit hatte ich mehr als genug für den Aufenthalt in Costa Rica. Es war überhaupt das erste Mal, daß ich mich allein auf den Weg gemacht habe. Ich traf sogar sämtliche Reisevorbereitungen, denn ich wußte ganz genau, daß es wichtig für mich war, all das ohne fremde Hilfe zu erledigen.

Als ich dann die Sonnenfinsternis sah, war es, als sei ich völlig *eins* mit ihr. Ich empfand in meinem Innern eine wunderbare Harmonie, eine Art schwebendes Gleichgewicht. Jeder Mensch, jedes Ding neben mir war Teil des *gleichen* Universums. Das beeindruckte mich kolossal. Eben war noch heller Mittag, und fünfzehn Minuten später herrschte völlige Dunkelheit, während hoch über uns der Mond leuchtete.«

Als mein Freund den Entschluß faßte, seinen Traum zu verwirklichen, lief quasi alles wie am Schnürchen, so daß es ihm tatsächlich auch gelang. *In Gottes Weltall ist nichts unmöglich.* Wir müssen nur bereit sein, das eine oder andere Wagnis einzugehen und ein nicht alltägliches Leben zu führen.

Laß mich dem Ruf meines Herzens folgen und meine Visionen in die Tat umsetzen.

Ich bin offen für alle Menschen, die Du auf meinen Weg führst.

Jede Herausforderung, die wir meistern müssen, und jeder Mensch, den wir kennenlernen, taucht aus einem ganz bestimmten Grund in unserem Leben auf. Durch die sogenannten »zufälligen Begegnungen« kommen wir immer in Kontakt mit Menschen, die dazu ausersehen sind, unseren Weg zu kreuzen. Deshalb können wir den Dingen ihren Lauf lassen, anstatt sie ständig kontrollieren zu wollen.

Eine Freundin von mir hat mit der Zeit gelernt, ihr Leben aus diesem Blickwinkel zu betrachten. Vor einigen Jahren mußte sie eine schmerzliche Scheidung durchstehen, und danach isolierte sie sich zunehmend von anderen Menschen. Ihre Freundinnen drängten sie, wieder unter die Leute zu gehen, um andere Männer zu treffen. Nach einigen aufmunternden Bemerkungen wagte sie es schließlich, eine Party zu besuchen. Sie beschrieb den Abend so: »Dieses ganze Gedränge war nicht gerade nach meinem Geschmack, und so bewegte ich mich bald Richtung Ausgang. Als ich aus der Tür trat, wurde ich mit einer Astrologin bekannt gemacht. Obwohl das Gespräch mit ihr nur kurz war, strahlte sie doch eine Wärme aus, die auf mich irgendwie anziehend wirkte. Und so verabredeten wir uns für den nächsten Tag zum Mittagessen.

Als wir im Restaurant zusammensaßen, stellte ich zu meinem Erstaunen fest, daß ich ihr Dinge aus meinem Privatleben erzählte, die ich bisher stets für mich behalten hatte. Es fiel mir überhaupt nicht schwer, meiner neuen Freundin gegenüber offen zu sein, denn sie war sehr mitfühlend und schien meinen Kummer wirklich zu verstehen. Sie sagte mir, daß auch sie vor fünf Jahren eine schlimme Scheidung durchgemacht hatte. Dadurch fühlte ich mich plötzlich viel ruhiger und sicherer, denn sie war äußerst lebendig und zuversichtlich – anscheinend hatte die Trennung von ihrem Mann keinerlei Narben hinterlassen. Und so dachte ich: Wenn bei ihr alles gutgegangen ist, dann kann ich es ebenfalls schaffen.«

Meine Freundin lernte auf der Party zwar keinen Mann kennen, mit dem sie gerne zusammensein wollte, statt dessen aber genau die richtige Person, die ihr half, innerlich gesund zu werden. Wenn wir wirklich offen sind, bietet sich uns noch an den seltsamsten Orten die Gelegenheit, innere Fortschritte zu machen.

Gott, hilf mir, stets flexibel zu sein und zu erkennen, daß Du nichts dem Zufall überläßt.

Ich akzeptiere, daß ich meine Wirklichkeit selbst erschaffe.

Unsere Gedanken, Worte und Taten formen unsere Realität. Das heißt: Sobald wir anfangen, positiver zu denken, reagieren auch die Menschen anders auf uns, und so sehen wir plötzlich ganz neue Möglichkeiten. Dann nehmen wir die Dinge in Angriff und erreichen viele Ziele, die wir uns gesteckt haben.

Meistens vergeht einige Zeit, bis wir ein Bedürfnis, das uns bewußt wurde, tatsächlich auch befriedigen können. Es ist kein Geheimnis, warum dies nicht früher geschieht: Wir müssen für die Gaben erst empfänglich werden.

Auch Sharon ist kürzlich zu dieser Einsicht gelangt: »Ich hatte fünf Jahre lang die gleiche Arbeit gemacht, und sie langweilte mich zusehends. Da ich normalerweise eifrig bei der Sache bin, war es für mich irgendwie schockierend, daß ich alles einfach schleifen ließ und stundenlang mit Freunden telefonierte, anstatt meine beruflichen Aufgaben zu erledigen. Mir wurde klar, daß ich im Grunde den Wunsch hatte, etwas anderes zu tun, und mich deshalb von meinen

Kollegen genauso distanzierte wie von meinen Pflichten.

Eine befreundete Mitarbeiterin hatte erfahren, daß in unserer Agentur eine Stelle frei wurde, und schlug vor, ich solle mich bewerben. Da ich mit der dortigen Abteilung bisher nie zu tun gehabt hatte, schreckte ich davor zurück, weiter nachzuforschen. Die Freundin machte mir aber immer wieder Mut, indem sie sagte: ›Du hast doch nichts zu verlieren.‹ Damit traf sie den Nagel auf den Kopf, und so vereinbarte ich einen Vorstellungstermin.

Gestern habe ich meinen neuen Job angetreten. Ich liebe diese Arbeit. Es dauerte zwar ungefähr sechs Monate, bis alles geregelt war, eben weil es noch einige verwaltungstechnische Schwierigkeiten gab – aber in dieser Zeit habe ich mich auf die Veränderung innerlich vorbereitet.«

Alles, was wir erreichen möchten, erfordert nicht nur Zeit, sondern auch einen inneren Entwicklungsprozeß, in dem wir das Alte allmählich loslassen und das Neue willkommen heißen. Wir müssen jeden Tag etwas unternehmen, um unsere Projekte voranzutreiben, und darauf vertrauen, daß unsere Wünsche stets im richtigen Augenblick Wirklichkeit werden.

Laß mich bei meinen geistigen Wachstumsprozessen nicht ungeduldig werden und einsehen, daß ich jetzt genau jenes Stadium erreicht habe, das für mich vorgesehen war.

Ich tue mir etwas Gutes, wenn ich alte Gewohnheiten aufgebe und bewußt wahrnehme, wie sich mein Leben allmählich entwickelt.

»Wahnhaftes Verhalten« wird manchmal so umschrieben, daß man immer wieder die gleichen selbstzerstörerischen Tätigkeiten ausführt, sich davon aber jedesmal positive Ergebnisse verspricht. Oft eignen wir uns diese schädliche Handlungsweise schon in der Kindheit an. Und so haben wir es später mit einer alten Gewohnheit zu tun, die sehr schwer zu unterbinden ist.

Wenn man ständig im Wahn lebt, ist das etwa so, als säße man in einem Zug, der kein bestimmtes Ziel hat und sozusagen nirgendwohin fährt. Als mir das passierte, wollte ich aussteigen, aber ich war nicht fähig, den ersten Schritt zu tun. Da kam mir plötzlich in den Sinn: *Erst wenn ich mir selbst und anderen Menschen das nötige Mitgefühl entgegenbringe, kommt der Zug zum Stehen.* Und indem ich dann gelernt habe, einerseits die Dinge so zu akzeptieren, wie sie sind, und andererseits mir selbst zu verzeihen, wenn ich wieder einmal in alte Gewohnheiten verfallen war, konnte mein innerer Reifungsprozeß weiter voranschreiten. So wurde ich allmählich wieder gesund.

Heute ziehe ich es vor, meine Schwächen und Fehler nicht zu verurteilen, sondern mich einfühlsam und liebevoll mit ihnen auseinanderzusetzen, wobei mir klar ist, daß ich in jedem Augenblick mein Bestes gebe.

Hilf mir, daß ich nicht mechanisch reagiere, sondern statt dessen eine Pause einlege, tief einatme und meine persönliche Entwicklung aufmerksam verfolge.

Heute gebe ich meine Selbstisolation auf und habe mehr Freude am Leben.

Wir machen uns oft die unglaublichsten Gedanken darüber, was uns und anderen Menschen wohl alles widerfahren wird. An derlei Phantasien ist oft nicht mehr wahr, als daß sie sozusagen mietfrei in unserem Kopf leben. Wenn wir uns einreden, wir hätten dieses oder jenes noch tun sollen, oder wenn wir uns Sorgen machen wegen künftiger Ereignisse, die vielleicht nie eintreten werden, bleibt uns die Wirklichkeit immer fremd.

Aber wie können wir uns wieder in die Gegenwart »zurückbefördern«? Zum Beispiel indem wir uns mit Hilfe eines anderen Menschen klarmachen, was tatsächlich abläuft. Wir können ihn etwa fragen: »Was hältst du von dieser Sache?« oder: »Kannst du mir mal sagen, was hier vorgeht?« Dann müssen wir genau darauf achten, was er uns mitteilt. Seine Antwort hilft uns, wieder im Hier und Jetzt zu leben. Dieser bewußt empfundene Augenblick enthält die ganze Wahrheit. Und so fühlen wir uns auch nicht mehr isoliert, sondern, im Gegenteil, tief verbunden mit anderen Menschen.

Ich möchte nicht mehr abgeschnitten sein, sondern mich mit anderen Menschen austauschen und friedlich mit ihnen zusammenleben.

Mein tägliches Leben ist ein Beweis dafür, daß ich mich in positiver und kreativer Weise entwickle.

Wenn wir jeden Tag einmal für sich betrachten, werden wir feststellen, daß er sozusagen ein Mikrokosmos ist, der viele Versprechen, ungeahnte Möglichkeiten und neue Herausforderungen bereithält. Man stelle sich nur einmal vor, daß wir bis zu unserem sechzigsten Lebensjahr ziemlich genau 21.900 von diesen »kleinen Welten« erforschen können.

Aber wie vermag eine solche Denkweise unser Leben zu ändern? Um diese Frage zu beantworten, sollten Sie sich mit Marys Geschichte näher befassen, die mit Hilfe eines Therapeuten von ihren Depressionen und Selbstmordabsichten geheilt wurde und nun wieder erwartungsfroh in die Zukunft blickt.

Sie sagt: »Da stand ich also, fast vierzig Jahre alt, mit nichts in der Hand, das ich hätte vorweisen können. Keine Kinder, keinen Mann fürs Leben – nur einen Beruf, der mir nicht behagte. Ich fühlte mich, gelinde gesagt, sehr unglücklich. Irgendwann suchte ich einen Therapeuten auf, der mir viel Kraft gab. Er brachte mich dazu, meine Aktivposten zu erkennen und noch mehr zu betonen: mein anziehendes Wesen, meine fürsorgliche Art, meine engen Freunde.

Gemeinsam fanden wir heraus, warum ich nie geheiratet hatte. Mein Vater war ein Arbeitstier, folglich bekam ich ihn nicht oft zu sehen. Und wenn er einmal da war, erledigte er ständig irgendwelche Arbeiten im oder am Haus. Ich wuchs auf mit dem Gefühl, *ich* sei verantwortlich dafür, daß er sich mir gegenüber so reserviert verhielt. Alle Männer, mit denen ich später Beziehungen hatte, waren genauso wie er, nämlich unnahbar und lieblos.

Nachdem ich ein Jahr lang intensiv an mir gearbeitet hatte, ging es allmählich bergauf. Ich konnte zwar nicht verhindern, daß ich vierzig wurde, aber es bestand wieder Anlaß zur Hoffnung. Mein Therapeut sagte des öfteren: ›Mary, deine Vaterbeziehung gehört der Vergangenheit an. Heute ist ein neuer Tag. Er beschert dir ein ganz neues Leben.‹ Durch seine menschliche Wärme nährte er meinen Glauben daran, daß ich diese unangenehmen Erinnerungen irgendwann auslöschen würde, und so wurde ich immer empfänglicher für positive Dinge.«

Wir haben verschiedene Möglichkeiten. Und wir besitzen die Fähigkeit, das eigene Leben so einzurichten, wie es uns am besten erscheint. Die Gespenster der Vergangenheit sind wirklich nichts anderes als – Schatten. Sobald wir das Licht einschalten, verschwinden sie und haben kaum mehr Macht über uns.

Gott, gib mir die Kraft, den heutigen Tag so zu gestalten, daß er erfüllt ist von Schönheit, Hoffnung und Liebe.

Heute werde ich das Leben in vollen Zügen auskosten und weder die Vergangenheit bereuen, noch die Zukunft zu entschlüsseln suchen.

Wenn wir dem Hier und Jetzt entfliehen, weil wir uns Sorgen wegen der Zukunft machen oder weil wir unser früheres Verhalten bereuen, gleiten unsere Gedanken so weit ab, daß wir die Realität ganz aus den Augen verlieren.

Betrachten Sie einmal die beiden folgenden Beispiele: Ein Mann ißt etwas sehr Feines, doch er kann diese Speise nicht genießen, weil er sich innerlich schon auf den nächsten Geschäftstermin konzentriert. – Eine Mutter geht mit ihrer Tochter in einem herrlichen Park spazieren, aber sie nimmt weder die reizvolle Umgebung noch die liebe Art ihrer kleinen Begleiterin wahr, denn sie ist beunruhigt wegen eines Buchungsfehlers auf ihrem Girokonto.

Im Grunde besitzen wir nichts anderes als diese Gegenwart. Wir können die früheren Versäumnisse nicht mehr rückgängig machen und die künftigen Ereignisse nicht vorwegnehmen. Unsere Zukunft wird so verlaufen, wie es uns bestimmt ist – wir haben also keinerlei Einfluß auf sie. Und die Vergangenheit ist uns nur dann von Nutzen, wenn wir aus den eigenen Fehlern lernen. Deshalb müssen wir stets darauf achten, wann unsere Gedanken abschweifen – um sie dann wieder so schnell wie möglich auf die momentane Situation zu richten. Wenn wir unsere fünf Sinne – Hören, Sehen, Riechen, Schmecken, Tasten – gebrauchen, fühlen wir uns verbunden mit dem Geschehen ringsum und empfinden dabei Freude, Liebe und Lebendigkeit.

Laß mich stets in der Gegenwart leben und mich an den Wundern des heutigen Tages erfreuen.

Heute begrüße ich, daß mein Leben einen ganz bestimmten Rhythmus hat.

In vielen Fällen sind wir sehr erfolgsorientiert und beurteilen uns selbst danach, ob wir genügend Anerkennung erhalten – oder zumindest jenem Bild entsprechen, das wir von uns entworfen haben. Die Gesellschaft im ganzen, aber auch unsere Eltern und Lehrer bestärken uns noch in dieser Überzeugung. Aufgrund unserer geistigen Einstellung sind wir dann oft deprimiert, denn im täglichen Leben geht es nicht darum, dauernd irgendwelche Ziele zu *erreichen*, sondern darum, ihnen erst einmal *näherzukommen*. Unsere »Ratgeber« bringen uns nicht immer bei, den Weg an sich schätzen zu lernen.

Eine Freundin hat mir berichtet, daß sie dieses Problem in ihrem Privatleben nur zu gut kennt: »Du weißt, daß ich nicht gerade entspannt bin, wenn ich eine Verabredung mit einem Mann habe. Gestern abend zum Beispiel bin ich mit diesem Mann ausgegangen, von dem ich dir schon erzählt habe. Ich fand ihn wirklich nett, aber es frustrierte mich, daß ich einfach nicht loslassen konnte. Ständig habe ich daran gedacht, ob er mich wohl mag. Und ich habe mich bei der Frage ertappt: *Ist er der Mann meines Lebens?*

Mir ist klar, daß ich bloß eines tun muß: das Zusammensein genießen und ansonsten den Dingen freien Lauf lassen, aber das fällt mir unglaublich schwer. Ich bin unzufrieden mit mir selbst, weil ich meinen eigenen Maßstäben nicht gerecht werden kann. Zum Beispiel will ich selbstbewußter sein, als ich es im Moment bin. Ja, es macht mir große Mühe, meine persönliche Entwicklung insgesamt zu akzeptieren. Zwar glaube ich daran, daß ich eines Tages ruhig und locker sein werde, aber davon bin ich jetzt noch weit entfernt.«

Wenn wir mit unserem gegenwärtigen Zustand nicht einverstanden sind, ist es hilfreich, sich folgenden Grundsatz bewußt zu machen: *Der Weg zum Ziel ist genauso wichtig wie das Ziel selbst.* Außerdem: Wenn wir uns ständig ausmalen, wie wunderbar es doch wäre, dieses oder jenes Ziel zu erreichen, aber unseren inneren Wachstumsprozeß nicht vorbehaltlos bejahen, dann verlieren wir den Kontakt zur Wirklichkeit. Und so sehen wir nicht einmal mehr, was vor unseren Augen geschieht.

Laß mich meine Entwicklung gutheißen und dankbar sein für die Fortschritte, die ich mit der Zeit mache.

Heute bin ich bereit zu akzeptieren, daß Gott vielleicht etwas anderes mit mir vorhat, als ich selbst plane.

Unsere Pläne sind längst nicht so großartig wie jene, die Gott für uns entworfen hat. Wenn wir diese Tatsache nicht akzeptieren, geraten wir in Schwierigkeiten. Eine meiner Freundinnen mußte das auf sehr schmerzliche Weise erfahren. Sie erzählte: »Es ging mir einfach schrecklich, als Sweetie, meine Katze, plötzlich krank wurde. Sie war für mich wie eine Freundin, denn schließlich hatte ich sie schon seit sieben Jahren. Ich tat alles Mögliche, um sie zu retten. Als das nichts half, brachte ich sie in die Tierklinik, wo sie dann einige Tage lang behandelt wurde. In dieser Zeit fühlte ich mich entsetzlich einsam. Kurz darauf starb sie. Ich war äußerst wütend auf Gott. Wie konnte er mir nur diese wunderbare Freundin wegnehmen?

Ich fühlte mich unglaublich leer. Wahrscheinlich hat noch nie jemand so um ein Tier getrauert wie ich. Inzwischen ist mir jedoch klargeworden, daß ich mich bereits seit Jahren von den Menschen abgekapselt hatte. Sweetie war immer da, wenn ich sie brauchte. Sie hörte mir zu, wenn ich über meine Probleme sprach, und dabei schaute sie mich immer so liebevoll an. Als sie noch lebte, gab ich mir keine große Mühe, auf andere Leute zuzugehen.

Obwohl es mir sehr schwerfiel, zwang ich mich nach ihrem Tod dazu, Freunde anzurufen, mit denen ich jahrelang nicht mehr gesprochen hatte. Darüber hinaus suchte ich den Kontakt mit meinen Arbeitskollegen im Büro. Mit einem von ihnen traf ich mich sogar öfter; daraus entwickelte sich dann eine Liebesbeziehung, die bis heute gehalten hat.«

Rückblickend war es wohl notwendig, daß Sweetie verschwand, damit meiner Freundin bewußt werden konnte, wie sehr sie sich den anderen Menschen entfremdet hatte. Wenn ihre Katze noch am Leben wäre, hätte sie vielleicht nicht jenen liebevollen Mann kennengelernt, mit dem sie jetzt zusammen ist.

Laß mich erkennen, daß Du sogar solche Dinge zum Besten wendest, die mir viel Kummer machen.

Ich empfange bereitwillig jene Unterweisungen, die mir in meinen Träumen gegeben werden.

Träume gelten oft als symbolische Darstellung unserer alltäglichen Erfahrungen. Und so benutzen viele Menschen diese Botschaften, um herauszufinden, was eine bestimmte Person ihnen bedeutet oder wie ihre momentane Situation zu beurteilen ist. Träume haben jedoch noch eine weitere Funktion: Als Geschenke unserer Höheren Macht weisen sie uns auf unmittelbar bevorstehende Ereignisse hin und bereiten uns auf künftige Entwicklungen vor.

Denken Sie einmal über die folgende Geschichte einer Nachtklubsängerin nach. Sie hatte einen Traum, der eindeutig eine Vorahnung dessen war, was dann kurz darauf geschah. Es ging nämlich darum, daß sie der Frau eines beliebten Komikers mit Rat und Tat zur Seite stand. Das Ganze war so lebensecht, daß sie beim Aufwachen meinte, es habe wirklich stattgefunden. Allerdings konnte sie den Traum überhaupt nicht einordnen, denn sie war weder jenem Komiker noch seiner Frau persönlich begegnet.

Etwa einen Monat später mußte sie dringend einen neuen Agenten finden. Drei Kandidaten standen zur Auswahl, und die Entscheidung fiel ihr sehr schwer. Es ergab sich, daß sie den dritten Agenten noch einmal treffen wollte und eine halbe Stunde zu früh in seinem Büro erschien. Dort wartete bereits eine andere Frau, mit der die Sängerin auch gleich ein Gespräch anfing. Die andere kam ihr irgendwie bekannt vor, und nach einigen Minuten war ihr klar, daß es sich um jene Frau handelte, von der sie geträumt hatte. Und die fragte sie nun, ob sie in der Gegend eine Ärztin kenne. Die Sängerin war mit ihrer Ärztin, deren Praxis ganz in der Nähe lag, sehr zufrieden und empfahl sie gerne weiter. Alles war genau so, wie es sich in ihrem Traum abgespielt hatte. Außerdem bereitete es ihr nun keinerlei Probleme mehr, den richtigen Agenten auszusuchen!

Aus den unterschiedlichsten Quellen – sogar aus Träumen – beziehen wir unsere weisen Einsichten. Wir müssen nur offen sein für jene Informationen, die uns bereits zur Verfügung stehen.

Laß mich die Orientierungshilfen meiner Träume nutzen, um mir selbst und anderen Menschen zu helfen.

Ich kann jetzt eine geeignete und ideale Arbeit finden, die mich in jeder Weise ausfüllt.

Oft hört man jemanden sagen: »Ich hasse meine Arbeit. Ich tue sie nur des Geldes wegen.« Oder: »Wenn ich doch nur eine andere Richtung eingeschlagen hätte – denn jetzt ist es zu spät für irgendwelche Veränderungen. Ich habe Familie und muß meinen Verpflichtungen nachkommen. Zudem bin ich angewiesen auf meine Rente.«

Wenn wir alles nur halb machen, sind wir viel weniger lebendig. Das heißt: Eine Arbeit, mit der wir uns nicht identifizieren können, läßt uns jeden Tag ein wenig sterben. Aber warum wehren wir uns dann nicht gegen diesen alltäglichen Trott? – Weil uns die Angst im Nacken sitzt. Sie hindert uns daran, irgendwelche Fortschritte zu machen. Denn entweder fürchten wir uns vor dem Versagen – oder vor dem Erfolg und den daraus resultierenden Herausforderungen.

Ich dachte immer, daß ich, wenn meine Angstgefühle wieder auftauchen, nicht mehr vorwärtskäme. Aber das stimmt nicht. Sie können mich nicht mehr lähmen. Mag ich noch so verunsichert sein – es steht mir trotzdem frei, ganz neue Wege zu beschreiten.

Nehmen Sie sich ein Beispiel an Mel. Er sagt über sich: »Die Blumen waren seit jeher meine Leidenschaft. Schon als kleiner Junge habe ich mein eigenes Gemüse angebaut. Ich wollte mich mit lebendigen Dingen beschäftigen, die wachsen und sich verändern. Aber als Teenager hatte ich weder den Mut noch die Gelegenheit, dieses Ziel weiterzuverfolgen. Als ich achtzehn war, starb mein Vater, und so mußte ich Geld verdienen, um die Familie zu ernähren. Eine Zeitlang fuhr ich Taxi, und in den letzten fünfzehn Jahren schlug ich mich mit der Textverarbeitung herum. Ich mochte diese Tätigkeiten überhaupt nicht, aber mir kam auch nie in den Sinn, daß ich etwas anderes machen könnte.

Ein Freund hat mich dazu ermuntert, ein Abendseminar zu besuchen, in dem es darum ging, die beruflichen Perspektiven neu zu überdenken. Die Teilnehmer trafen sich einmal in der Woche, und zwar drei Monate lang. Dort war ich gezwungen, meine Liebe zur Natur einmal genauer zu untersuchen. Allmählich konnte ich dann über meinen geheimsten Wunschtraum sprechen: nämlich in meiner Nachbarschaft ein Blumengeschäft zu eröffnen.

Als das Seminar zu Ende war, beschlossen einige von uns, weiterhin zusammenzukommen und den Meinungsaustausch fortzusetzen. Etwa ein Jahr lang taten wir das dann auch. Die letzte Gruppensitzung feierten wir in meinem neuen Blumengeschäft. Aber ohne meine wunderbaren Freunde hätte ich das alles nicht geschafft.«

Wie Mel müssen wir Zeit und Geduld aufbringen, um jene Arbeit zu finden, die genau zu uns paßt. Und wir müssen die eigenen Visionen ernst nehmen, uns zu ihnen bekennen und dann die entsprechenden Maßnahmen ergreifen, um sie Wirklichkeit werden zu lassen.

Laß mich die scheinbaren Sicherheiten aufgeben und in jener Richtung weitergehen, die mir mehr Befriedigung schenkt.

Ich nehme in meiner Umgebung die Wirkungen göttlicher Gnade wahr und erlebe dadurch ganz wunderbare Dinge.

Der *Gnade* liegt eine zutiefst spirituell geprägte Anschauung zugrunde, die vielen von uns nicht sehr vertraut ist. Jemand hat sie einmal so umschrieben, daß wir *einen* Schritt auf Gott zugehen, während Er *zehn* Schritte in unsere Richtung macht.

Die Gnade hat ihren Ursprung in der vollkommenen Stille – und sie offenbart sich überall um uns. Damit sie uns zuteil wird, müssen wir nur innerlich zur Ruhe kommen und auf die Stimme unseres Herzens hören. In diesem Zustand öffnen sich Türen für uns, die vorher noch verschlossen waren. Wir werden zu Menschen geführt, die uns helfen können, und vertrauen immer mehr unseren intuitiven Fähigkeiten.

Was müssen wir tun, um solche Gnadenbeweise zu empfangen? Wir müssen inständig um sie bitten. Eine Frau, mit der ich etwas näher bekannt bin, gelangte zu dieser Einsicht, als sie eine schlimme seelische Krise durchmachte.

Ihr Kind war gestorben, und sie hatte keine Ahnung, wie sie dieses Unglück heil überstehen sollte.

Eines Abends warf sie sich verzweifelt auf den Boden und weinte und betete zu Gott: »Hilf mir! Ich brauche Deine Kraft. Allcinc schaff' ich es nicht.« Ihr Schmerz war so groß, daß sie nach jedem Strohhalm griff und daher auch offen war für neue Ideen und inspirierende Gedanken. Nach einigen Tagen geschahen dann ganz ungewöhnliche Dinge. Sie lernte einen frommen Mann aus Indien kennen, der sich ihrer annahm. Sie ging mit ihm zu einer Tagung, bei der natürliche Heilmethoden vorgestellt wurden, obwohl sie an solchen Themen bisher nie interessiert gewesen war. Dadurch lernte sie, liebevoll und sanft mit sich selbst umzugehen. Sie hatte ein traumatisches Erlebnis hinter sich und benötigte daher – wie ein Patient nach einer schweren Operation – intensive Pflege.

Gerade die menschlichen Tragödien führen oft dazu, daß eine Höhere Macht gnädig eingreift. Alles, was uns im Leben widerfährt, hat einen bestimmten Grund. Wir werden geformt durch den Kummer und die Freude, die wir tagtäglich erfahren. Wenn wir unsere Siege und Niederlagen aus diesem Blickwinkel betrachten, wird uns allmählich bewußt, daß wir nicht allein sind – daß in allem eine göttliche Kraft am Werk ist.

Laß mich offen sein für Deine Gnade, die jede innere Unruhe dämpft, jede äußere Störung beseitigt.

Durch alle meine bisherigen Erfahrungen bin ich zu jenem wunderbaren Menschen geworden, der ich heute bin.

Manchmal fragen wir uns vielleicht, ob es die Mühe wert ist, jene »Wachstumsschmerzen«, die ja Teil des Lebens sind, wirklich durchzustehen. Nach meinen Erfahrungen lohnt sich diese große Anstrengung allemal, denn schließlich finde ich dadurch *mich selbst* – und das kann mir keiner mehr streitig machen.

Eine Freundin kam kürzlich zu der gleichen Erkenntnis. Sie war ganz verblüfft, wie sehr sie sich verändert hatte und nun auch den Menschen ganz anders begegnete. Sie erzählte mir: »In meinem Apartmenthaus benutze ich doch schon seit Jahren den gleichen Aufzug. Früher habe ich die Leute, die ein- und ausstiegen, überhaupt nicht wahrgenommen; nie habe ich mit jemandem mehr als ein, zwei Worte gewechselt.

Aber heute morgen war alles ganz anders. Eine junge Frau kam in den Aufzug, und sie sah irgendwie krank aus. Wir fuhren weiter nach unten, der Fahrstuhl hielt, und die Tür öffnete sich erneut. Zwei korpulente Männer versuchten, sich in die sowieso schon volle Kabine zu zwängen. Als sie dann immer heftigere Bewegungen machten, immer mehr drückten, geriet die junge Frau außer sich. Sie forderte die beiden auf, zurückzutreten und auf den nächsten Aufzug zu warten; das taten die dann auch. Der Aufzug setzte sich wieder in Bewegung, und ich sah, daß die Frau sichtlich erleichtert war. Ich fragte sie, ob alles in Ordnung sei – sie nickte und meinte: ›Ich habe panische Angst vor Fahrstühlen.‹

Als ich kurz darauf das Haus verließ, fühlte ich, daß mit mir etwas geschehen war. Ich hatte mich nicht so verhalten wie sonst; es ist mir nämlich nie angenehm gewesen, mit *fremden Leuten* zu sprechen und mich auch noch um sie zu kümmern. Diesmal aber hatte ich meine Angst überwunden und war direkt auf jemand anderen zugegangen. Ja, ich stand einfach da und unterhielt mich. Mein früheres Ich hätte sich allzu wichtig genommen und versucht, dieser Frau einen klugen Rat zu geben oder sonst irgendwelche bedeutungsschweren Bemerkungen zu machen. Aber natürlich wäre mir dann kein Wort über die Lippen gekommen.

Gott, *hilf mir, meine Angstgefühle loszulassen, damit ich anderen* Menschen *nützlich sein kann.*

Ich akzeptiere, daß ich mich durch meine früheren Beziehungen zu jenem Menschen entwickelt habe, den ich im Spiegel vor mir sehe.

Manchmal betrachten wir jene Beziehungen, die uns früher einmal viel Kummer bereiteten, aus einer allzu begrenzten Perspektive. Wir sehen nur unsere Wunden und Narben – und ignorieren dabei völlig, wie sehr diese Erfahrungen unser Leben auch bereichert haben. Trennungen können einen wichtigen Lernprozeß in Gang bringen, so daß wir am Ende die Sensibilität und die Offenheit besitzen, um unser Verhalten nötigenfalls zu ändern.

Eine Bekannte von mir fühlte sich zutiefst verletzt, weil ihre Ehe gescheitert war. Sie berichtet: »Ich war klug genug, zu wissen, daß ich in meinen nächsten Beziehungen immer wieder die gleichen stereotypen Reaktionen zeigen würde, wenn ich meinen Mann für alles verantwortlich mache, meine eigenen Fehler aber überhaupt nicht sehe. Also beschloß ich, meine Schwächen genauer zu untersuchen, um herauszufinden, was da eigentlich schiefgelaufen war. Es war sehr schmerzlich, all diese unschönen

Erfahrungen quasi ans Licht zu zerren, aber indem ich *meine* extremen Besitzansprüche einmal näher betrachtete, konnte ich erkennen, wie sehr ich meinen Mann dadurch verletzt hatte. Aufgrund dieser Einsicht war ich dann bereit, mich mit meinen Ängsten und meiner inneren Unsicherheit auseinanderzusetzen.«

Wenn wir uns dafür entscheiden, nach einer mißglückten Partnerschaft die *eigenen* Irrtümer aufzudecken und aus ihnen zu lernen, dann haben wir bessere Chancen, das nächste Mal eine gesündere Beziehung aufzubauen. Indem wir uns gerade *aufgrund dieses Verlustes* weiterentwickeln, werden wir nicht nur zu reiferen, sondern tatsächlich zu ganzen Menschen.

Hilf mir, meine Ängste zu vergessen und die Vergangenheit noch einmal zu überdenken, wenn dadurch die Gegenwart erhellt und verbessert wird.

Alles, was in meinem Leben geschieht, dient einem höheren Zweck.

Zuweilen fragen wir uns, warum guten Menschen etwas Schlimmes zustößt, oder, konkreter, warum *wir* immer wieder Leid erfahren müssen. Wahrscheinlich werden wir auf diese Frage nie eine Antwort wissen. Aber sobald genügend Zeit vergangen ist und wir unsere Krise überwunden haben, können wir die eigenen Erfahrungen benutzen, um anderen Menschen in ähnlichen Situationen zu helfen.

Denken Sie darüber einmal nach! Haben Sie dergleichen nicht auch schon getan? Meine beste Freundin kann dies jedenfalls von sich sagen. Sie mußte vor einigen Jahren eine Scheidung durchstehen, und das war die schwierigste Herausforderung, die sie je zu bestehen hatte. Sie sagt: »In jener Zeit besuchte ich dann den Vortrag eines spirituellen Lehrmeisters. Hinterher kamen wir ins Gespräch, und ich erzählte ihm von meinem Kummer. Mit liebevollen Worten gab er mir zu verstehen, daß der Schmerz mit der Zeit nachlassen würde und daß ich dann fähig wäre, jenen Menschen zur Seite zu stehen, die ebenso schlimme Dinge erlebt haben wie ich. Eigentlich befriedigte mich diese Aussage nicht, aber ich hörte ihm trotzdem zu.

Ein Jahr später, als es mir schon etwas besser ging, begegnete ich zufällig einem alten Schulfreund, den ich zwanzig Jahre nicht gesehen hatte. Es stellte sich heraus, daß er gerade geschieden worden war und sich deshalb extrem schuldig fühlte. Ich erinnerte mich daran, was jener Meister mir geraten hatte, und erzählte meinem Gegenüber mit viel Wohlwollen, wie ich über meine Trennung allmählich hinwegkam.«

Das Leben hat auch seine Schattenseiten, und so macht jeder von uns Phasen durch, die von Verlust und Traurigkeit geprägt sind. Jedenfalls kommen wir ein wenig besser damit zurecht, wenn Freunde uns mitteilen, wie sie solche Geschehnisse überstanden haben. Und es ist sicherlich kein Zufall, daß hilfsbereite Menschen gerade dann unseren Weg kreuzen, wenn wir uns völlig überfordert fühlen.

Möge ich andere, die in einer Krise stecken, an meiner Stärke, Hoffnung und Erfahrung teilhaben lassen.

In diesem Augenblick bin ich im Einklang mit allem, was mich umgibt.

Manchmal erleben wir Augenblicke vollkommener Harmonie, in denen wir eins sind mit uns selbst und mit der Welt. Ein herrlicher Sonnenuntergang spiegelt dann auf geheimnisvolle Weise wider, was in unserem Innern vorgeht. In solchen Phasen ist es leicht, jede Erfahrung zu bejahen, alle Dinge im Leben zu schätzen. Wir fühlen uns als ganze Menschen – und wissen, daß wir so sind, wie es für uns am besten ist.

Und auch wenn solche Augenblicke eher selten vorkommen – es gibt einen geistigen Frieden, eine tiefinnere Ruhe, die wir *immer* finden können, vorausgesetzt, wir sind offen genug und bereit, in uns hineinzuhören.

Wenn wir uns dazu anhalten, die Stille wahrzunehmen, eine Pause einzulegen und zu beobachten, was vor unseren Augen geschieht, werden sich diese kostbaren Momente öfter ereignen. Und indem wir dann die Atmung vertiefen und uns beim Einatmen jedesmal einen völlig entspannten Zustand vergegenwärtigen, bauen wir auch den Streß ab, der uns sonst vielleicht zu schaffen macht.

Ist das alles so einfach? Nein, im Grunde nicht, denn wir haben uns ja schon daran gewöhnt, ständig in Eile zu sein und jede Aufgabe rasch zu erledigen. Aber mit Hilfe unserer Höheren Macht können wir wahrhaft besinnliche Stunden verleben und sie auch genießen.

Heute werde ich mich darum bemühen, innerlich zur Ruhe zu kommen und in Frieden zu leben.

Ich überwinde meine Ängstlichkeit und führe dadurch ein harmonisches Leben.

Es ist sehr leicht, ständig an die Zukunft zu denken und sich über Ereignisse Sorgen zu machen, die noch gar nicht eingetreten sind. Dadurch fühlen wir uns dann noch angespannter und ängstlicher. Um statt dessen wieder gelassen zu sein und den Dingen mit Gleichmut entgegenzusehen, müssen wir zu einer bejahenden Einstellung finden. Denn ganz egal, welche Schritte wir unternehmen: Letzten Endes haben wir keinen Einfluß darauf, was uns oder anderen Menschen widerfahren wird.

Es ist ein großer Unterschied, ob wir die Zukunft *planen* oder ob wir ihretwegen *besorgt* sind. Zwar sollten wir uns konsequent darum bemühen, die eigenen Projekte zu verwirklichen, aber das Weitere liegt nicht mehr in unserer Hand. Das heißt: Wir dürfen nicht mehr auf etwaige Ergebnisse »schielen«. Dann verläuft unser Leben insgesamt harmonischer: Alles kommt und geht zur rechten Zeit. Wir fühlen, daß unser innerer Rhythmus dem äußeren Geschehen entspricht – und daß dieser Einklang viel Gutes bewirkt.

Die Sorge zwingt uns nur dazu, jene positiven Dinge auszuschlagen, die wir eigentlich verdient haben. Wenn wir dagegen entspannen und darauf vertrauen, daß sich jede Situation so entwickelt, wie es vorherbestimmt ist – und nicht unbedingt so, wie wir es gerne hätten –, wird unser Leben insgesamt erfreulicher, und alles scheint zu klappen.

Hilf mir, daß ich mir keine Sorgen mehr mache, damit mein Leben frei ist von Spannungen und Streß.

Jetzt, in diesem Augenblick, habe ich alles, was ich brauche, um glücklich zu sein!

Lassen wir nicht oft zu, daß unsere *Wünsche* über unser Verhalten bestimmen? Im Gegensatz zu solchen Ansprüchen resultieren unsere *Bedürfnisse* aus einem echten Mangelgefühl. Wünsche haben einen ganz anderen Ursprung – und sie führen oft dazu, daß wir die Wirklichkeit nur noch verzerrt wahrnehmen. Wir reden uns dann nämlich ein, wir bräuchten dieses und jenes, um glücklich zu sein: *Wenn ich doch den richtigen Job (eine einfühlsamere Frau, ein neues Auto …) hätte, dann wäre ich insgesamt viel zufriedener.* Aber es ist sinnlos, das eigene Wohlergehen von äußeren Dingen abhängig zu machen, denn so fühlen wir uns am Ende stets unbefriedigt und wollen noch mehr.

Im Laufe der Jahre ist mir klargeworden, daß ich alles Nötige bereits habe und immer genau an dem Punkt bin, den ich jeweils auch erreichen sollte. Die Menschen, denen ich begegne, sind meine Lehrmeister, und sie bringen mir viele Lektionen bei, die für meine persönliche Entwicklung wichtig sind. Darüber hinaus bin ich fähig, mir selbst das zu geben, was ich brauche.

Einer Freundin von mir wurde dies kürzlich auch bewußt. Sie war mit ihrem Vater bei einem Familientreffen. Zum ersten Mal seit vierzig Jahren wurde ihr zuteil, was sie sich immer von ihm gewünscht hatte – nämlich Respekt: »Er lobte mich überschwenglich wegen meiner Beförderung. Ja, er erzählte all unseren Verwandten, wie weit ich es schon gebracht hätte. Dadurch war ich ein wenig verlegen. Natürlich mochte ich es, daß er so über mich sprach, aber er hätte es nicht tun *müssen*. Ich war einfach stolz auf mich selbst – und da spielte es keine Rolle, ob er mir Beifall spendete oder nicht!«

Gott, hilf mir, deutlich zu erkennen, was ich heute schon alles besitze.

Ich habe die Kraft und die Zeit, um meine heutigen Aufgaben bereitwillig und mühelos zu erledigen.

Nur allzuoft erzeugen die beruflichen Herausforderungen einen enormen Streß und zehren unsere ganze Kraft auf. Trotzdem haben wir irgendwie das Gefühl, daß wir stark genug sein sollten, alle Probleme, die bei der Arbeit auftauchen, spielend in den Griff zu bekommen. Falls uns das nicht gelingt, werden wir wütend und frustriert. Ganz anders verhält es sich jedoch, wenn wir Gott als unseren eigentlichen »Arbeitgeber« betrachten und uns vorstellen, daß wir mit einer höheren Energie verbunden sind – dann übernehmen wir bereitwillig jede Aufgabe und bewältigen sie auch »mit links«. Sobald wir auf göttliche Unterweisungen hören, haben wir auch neue Ideen und verfügen über nützliche Informationen.

Ein Architekt arbeitete an einem Entwurf für ein neues Bürogebäude: »Ich sollte Zonen schaffen, in denen sich die Angestellten während der Mittagspause oder auch zwischendurch entspannen und erholen können. Anfangs dachte ich daran, zu diesem Zweck freiliegende Terrassen zu bauen, aber das funktionierte nicht wegen des zu geringen Abstandes zu den anderen Gebäuden. Ich stand also vor einem größeren Problem, wußte aber, daß es eine Lösung gab, auch wenn sie mir noch nicht klar war. Da erschien es mir am sinnvollsten, mich durch irgend etwas abzulenken, und so ging ich mit einem Freund essen. In jener Nacht träumte ich, daß ich auf einer Dachgartenparty war, wo ich mich köstlich amüsierte.

Als ich morgens aufwachte, erinnerte ich mich an den Traum. *Das ist es!* dachte ich, ein *Dachgarten.*« – Der Architekt hatte fest daran geglaubt, daß ihm die Lösung zur rechten Zeit schon einfallen würde. Und aufgrund dieser Zuversicht war er empfänglich für Hinweise und Eingebungen.

Wir haben demnach die Wahl, angesichts einer schwierigen Aufgabe besorgt zu sein und in Panik zu geraten – oder uns zu versichern, daß wir die richtige Lösung schon finden werden, und *gelassen* zu warten, bis sie sich dann von selbst ergibt.

Verhilf mir zu der Einsicht, daß ich hier und jetzt alles Nötige besitze, um Deine Arbeit auszuführen.

Heute gestalte ich mein Leben so, wie es mir am besten erscheint.

Sobald uns die eigenen Visionen klarer werden, unternehmen wir auch bestimmte Schritte, sie in die Tat umzusetzen. Aber nur allzuoft sind wir dann schon auf halber Strecke zutiefst enttäuscht, weil nicht alles so klappt, wie es geplant war, oder weil inzwischen viel mehr Zeit vergangen ist, als wir es uns anfangs vorgestellt haben. Einige vergessen und verdrängen dann ihre Träume – und denken, daß es ein Fehler war, sich dafür so zu engagieren. Aber der Irrtum besteht im Grunde darin, diesen Träumen nicht mehr nachzuhängen und nicht mehr offen zu sein für jene Gelegenheiten, die sich immer wieder bieten.

Manchmal fällt Gottes zeitliche Planung anders aus als unsere – dann nämlich, wenn wir vor der Erreichung eines bestimmten Zieles noch einige Lektionen lernen müssen. Unser Entwicklungsprozeß – zu dem auch die Menschen gehören, die unseren Weg kreuzen, die Mühen, die wir auf uns nehmen, die Hindernisse, die wir überwinden müssen – ist zumindest genauso wichtig wie dieses oder jenes Ergebnis.

Eine meiner Freundinnen sehnte sich danach, ein wichtiges Buch zu schreiben, das dazu beitragen sollte, uns zu besseren Menschen zu machen. Sie arbeitete unermüdlich daran und gab ihr Bestes, um diesen Wunsch zu verwirklichen. Aber trotz all der Anstrengungen wurde ihr Manuskript dann von den meisten Verlagen abgelehnt, was sie völlig entmutigte. Ein Verleger erkannte jedoch ihre schriftstellerischen Fähigkeiten und schlug vor, gemeinsam ein anderes Buchprojekt zu entwickeln. Sie hätte dies ablehnen können, um sich zu sagen: *Ich habe so intensiv an meinem Manuskript gearbeitet, wie es nötig war. Es hat wohl nicht sein sollen.* Aber ihre Freunde ermunterten sie dazu, einfach weiterzumachen, und wiesen sie darauf hin, daß dieses Angebot eine große Chance sei. Derart gestärkt, setzte sie ihre Arbeit fort. Heute schreibt sie wichtige, lesenswerte Bücher, die eben jener Verleger herausbringt.

Machen Sie sich Ihren Traum immer wieder bewußt. Denn er zeigt an, daß in Ihrem Innern etwas nach Ausdruck verlangt. Wenn Sie nach

Möglichkeiten Ausschau halten, ihn zu realisieren, werden Sie gewiß bei allen dafür notwendigen Maßnahmen in die richtige Richtung geführt. Norman Vincent Peale hat einmal gesagt: »Gib nicht auf, ehe das Wunder geschieht.« Das nächste Wunder »wartet« auf Sie hinter der nächsten Ecke. Mit ein wenig Zuversicht und mit Hilfe von Freunden wird es auch geschehen.

Gib mir den Mut, auch weiterhin auf die sehnsüchtige Stimme meines Herzens zu hören und nicht den Glauben zu verlieren, weil sich mein Wunschtraum (noch) nicht erfüllt hat.

Meine innere Entwicklung ist so weit vorangeschritten, wie es von Anfang an vorgesehen war.

In jüngeren Jahren wollte ich oft weiter sein, als es mir jeweils möglich war. Ähnlich wie ein Pferd, das in der Startmaschine darauf wartet, endlich loszugaloppieren, stellte ich mir vor, das Rennen zu machen, hatte mir aber noch nicht einmal die Fähigkeiten erworben, um an ihm überhaupt teilnehmen zu können.

Meine gute Freundin Lynn, die in vieler Hinsicht meine »spirituelle Lehrerin« ist, kicherte immer vor sich hin, wenn ich ihr von meinen Frustrationen berichtete. Einmal rief ich sie an und beklagte mich: »Ist es nicht an der Zeit, daß ich endlich meinen Seelenpartner kennenlerne?« Sie lachte wieder und meinte: »Geduld, Geduld, meine Liebe. Du bist genau so weit, wie du sein sollst.«

Diese Antwort ließ mich nur noch ungeduldiger werden, aber instinktiv war mir klar, daß sie recht hatte. Heute besteht für mich kein Zweifel mehr daran, daß ich damals noch gar nicht fähig war, eine enge Beziehung einzugehen. Denn zunächst einmal mußte ich mich selbst viel besser kennenlernen. Einige Jahre darauf begegnete ich meinem späteren Ehemann. Und das geschah im richtigen Augenblick.

Ich bin zu der Überzeugung gelangt, daß unser Leben einem ganz bestimmten Rhythmus unterliegt – daß Menschen und Dinge genau dann auftauchen und wieder verschwinden, wenn die Zeit reif dafür ist. Das alles gehört zu jenem Plan, den eine Höhere Macht für uns entworfen hat. Wir müssen nur darauf achten, wie er sich allmählich offenbart.

Gott, laß mich gewillt sein, Deinen Zeitplan in all meinen Angelegenheiten zu respektieren.

Heute vertraue ich darauf, daß mein Leben durch eine liebevolle und fürsorgliche Kraft in die richtigen Bahnen gelenkt wird.

Viele von uns wurden in der Kindheit und Jugend zu einem bestimmten Glauben erzogen, der sich inzwischen einfach überlebt hat. Man brachte uns zum Beispiel bei, daß es »dort oben« eine strafende Macht gibt, die die Welt beherrscht und über all unsere Sünden Buch führt.

Es ist jedoch viel hilfreicher, wenn wir an eine liebevolle und fürsorgliche Kraft glauben, die uns in die richtige Richtung lenkt und uns außerdem die nötigen Einsichten gewährt, so daß wir jede Herausforderung bestehen können. Wir müssen im Grunde nur eines tun, nämlich uns dieser Quelle der Weisheit zuwenden und ihre Botschaften tatsächlich auch empfangen. Das geschieht mit Hilfe des Gebets und der Meditation. Im Gebet bitten wir die Höhere Macht um Beistand, und in der Meditation sind wir dann fähig, die Antwort zu hören, die uns gegeben wurde.

Gib mir die Bereitschaft, Deine Unterweisungen wirklich zu empfangen.

Ich nehme alle Geschenke an, die mir heute bereitet werden.

Allzuleicht geraten wir von unserem Weg ab und konzentrieren uns nur noch auf irgendwelche fernen Ziele, ohne dabei auf jene kleinen Geschenke zu achten, die wir tagtäglich erhalten. Aber gerade diese unscheinbaren Gesten tun uns doch so gut: das Lächeln eines Kollegen, das anregende Mittagessen mit einem Freund, der Gruß des Briefträgers, der uns gerade die Post überbringt.

In solch intimen Augenblicken geht vielleicht unser sehnlichster Wunsch in Erfüllung – nämlich mit anderen Menschen verbunden zu sein. Um die Gaben zu empfangen, brauchen wir nichts anderes als uns selbst: unsere Offenheit, unsere Dankbarkeit. *Ja, wir sind ganze Menschen und genau so, wie wir sein sollen.*

Möge ich mit Deiner Hilfe fürsorglich mit mir selbst umgehen, indem ich die Anerkennung, die mir heute zuteil wird, auch akzeptiere.

Heute lasse ich zu, daß eine schöpferische Kraft mich durchströmt und darüber hinaus jeden Menschen, jedes Ding berührt, mit dem ich zu tun habe.

Das Geräusch eines Wasserfalls, der liebliche Duft der Blumen, ein perfekt zubereiteter Salat, das unbändige Lachen eines Kindes, die außerordentliche Qualität eines gemalten Bildes – überall ist jene geistige Kraft am Werk, die uns alle durchströmt. Wenn wir diese Energiequelle erschließen, empfinden wir eine große Ruhe und sind im Einklang mit der Welt.

In ihrem dritten Lebensjahrzehnt wurde einer Freundin von mir bewußt, was die eigene Kreativität alles bewirken kann. Sie hatte sich eine seltene Krankheit zugezogen und lag dann, dem Tode nah, im Koma. Als sie schließlich wieder erwachte, war ihr aus dieser Zeit tiefer Bewußtlosigkeit nur eines in Erinnerung geblieben – daß nämlich eine Stimme ihr zurief: »Jetzt kann alles zu Ende gehen, es sei denn, du machst weiter und benutzt deine kreativen Fähigkeiten.« Dieses Erlebnis betrachtet sie heute als Wendepunkt ihres Lebens. Denn sie hat nicht nur beschlossen, ihren Weg fortzusetzen, sondern sich in den letzten Jahren auch zu einer talentierten Schriftstellerin entwickelt.

Kreativ zu sein ist nicht das Vorrecht einer kleinen Gruppe von Menschen; *wir alle* sind erfüllt von schöpferischer Energie und können diese auch zum Ausdruck bringen, vorausgesetzt natürlich, daß unsere inneren Kanäle durch nichts blockiert werden. Wir brauchen dazu gar keine großen Taten zu vollbringen. Unsere ganz alltäglichen Gesten verwandeln sich, sobald wir unsere Phantasie mit einbringen. Wir ziehen uns an, um zur Arbeit zu gehen, wir erklären einem Fremden, wie er am besten durch die Stadt kommt, wir nehmen im Büro den Telefonhörer ab – jede dieser Tätigkeiten bekommt einen völlig neuen Sinn, wenn wir sie auf kreative Weise ausführen.

Gott, hilf mir, ganz gewöhnliche Begebenheiten in besondere Ereignisse zu verwandeln, indem ich von meiner Kreativität Gebrauch mache.

REGISTER

HAZELDEN MEDITATIONSBÜCHER

Die Stille suchen – Gedanken zulassen – zu sich selbst finden.
Hazelden Meditationsbücher – intime Gesprächspartner für die entscheidenden Fragen unseres Lebens.

JEDER MORGEN BRINGT NEUE HOFFNUNG
Meditationen für jeden Tag
400 Seiten
12 s/w-Illustrationen
Broschur
ISBN 3-453-02856-2

LICHT IN DER NACHT
Ein Buch zur nächtlichen Meditation
400 Seiten
12 s/w-Illustrationen
Broschur
ISBN 3-453-03618-2

JEDER TAG IST EIN GESCHENK
Tägliche Meditationen für Familien
400 Seiten
12 s/w-Illustrationen
Broschur
ISBN 3-453-03992-0

Wilhelm Heyne Verlag
München

HAZELDEN MEDITATIONSBÜCHER

Loslassen lernen: Innerlich Abstand gewinnen von Bindungen, Erwartungen, Ängsten und einengenden Denk- und Verhaltensmustern. Der Weg zur Überwindung selbstzerstörerischer Abhängigkeiten.

Melody Beattie
KRAFT ZUM LOSLASSEN
Tägliche Meditationen
für die innere Heilung
432 Seiten
Paperback
ISBN 3-453-04765-6

Wilhelm Heyne Verlag
München